AF310794

DEUXIÈME LETTRE

D'UN

PROVINCIAL,

AUX ELECTEURS DE LA FRANCE,

A PROPOS DE LA DISSOLUTION DE LA DERNIÈRE CHAMBRE

INTROUVABLE.

Par Henri J. Marechal de Lyon,
électeur éligible.

. . . . Quos vult perdere Jupiter dementat.

PARIS.

IMPRIMERIE DE G.-A. DENTU,
rue des Beaux-Arts, nᵒˢ 3 et 5.

1837.

Préface.

Quelle que soit la célérité de nos relations ac-
tuelles avec **Paris**, il n'en est pas moins vrai que
nous ne pouvons recevoir en province, qu'un peu
tard, les actes du gouvernement. Je n'ai donc pu

composer plus tôt la Lettre que l'on va lire; et comme en province il ne m'a pas été possible de me procurer le secours d'une presse, il a bien fallu faire imprimer à Paris : c'est encore un retard. Mais si cette Lettre doit avoir quelque influence sur les choix que vont faire les Electeurs, et je le souhaite dans leur propre intérêt, ne suffira t-il pas qu'ils la lisent la veille des élections?

Messieurs les Electeurs, je n'ai puisé ni dans l'esprit de parti, ni dans des influences étrangères, tout ce que je dis dans mes lettres. C'est dans ma conscience que j'ai formulé cette déclaration de principes, principes d'ordre, de liberté, de progrès, principes applicables sous toutes les formes de gouvernement, parce qu'ils sont vrais. Celui qui refuserait d'adhérer à ces principes, celui qui ne voudrait pas, comme je le fais, signer un tel programme, ne saurait être un ami des progrès et de la liberté.

Lisez donc, et choisissez.

DEUXIÈME LETTRE

D'UN PROVINCIAL.

Enfin l'ordonnance de dissolution de cette Chambre dont rien jusqu'à présent, dans nos assemblées délibérantes, n'avait égalé la honteuse conduite, a paru. Les colléges électoraux sont convoqués, et bientôt la bataille va s'engager entre trois partis bien distincts: celui qui fait de la France une vaste pâture de places, de dignités, d'emplois et d'argent; celui que la raison et l'expérience n'ont pu corriger de ses utopies républicaines, qui trouve dans une jeunesse ardente et généreuse ses soutiens et ses dupes, et marcherait à la réalisation de ses projets, sans crainte et sans remords, à travers des torrens de sang.......; enfin celui qui seul est national, qui seul est juste, qui seul a pour lui la raison, l'équité, le bon sens, qui seul promet et peut donner en effet les progrès et la vraie liberté (1).

Ce dernier parti, nous le savons, n'est ni le plus fort ni le plus nombreux. La raison en est bien simple; c'est qu'en général, et dans toutes les questions possibles, la chose la plus rare, la plus difficile à trouver, ce sont des hommes de sens et d'équité. Je défie que l'on me montre dans l'histoire du monde entier une seule circonstance où le plus grand nombre se soit prononcé sur le champ pour le parti le plus sage, la plus juste ou le plus avantageux. Ce n'est qu'à la longue, après bien des essais, que la vérité perce enfin les nuages dont cherchent à l'entourer les hommes pour qui sa présence est le terme d'un pouvoir odieux et tyrannique. Le peuple désabusé déteste ceux qui l'ont trompé. Sa haine pour eux remplace son fol enthousiasme, jusqu'à ce qu'une

____

(1) Le programme donné par *la Gazette de France* et *la Quotidienne* en est la preuve. Attaqué par les journaux dynastiques et ceux de l'opposition de gauche, il est considéré par les premiers comme révolutionnaire, par les seconds comme monarchique. Le fait est que ce programme réalisé serait la fin de nos discordes, car il signifie la devise de Genève : *Cuique suum tribuito.*

nouvelle erreur l'entraîne encore loin de ses vrais intérêts. Aussi n'est-ce pas sans raison qu'on a dit:

> L'homme est de glace aux vérités;
> Il est de feu pour les mensonges (1).

Voyez plutôt la France, depuis cette fatale époque de 1788, marcher d'erreurs en erreurs, de fautes en fautes, de folies en folies, de crimes en crimes jusqu'à nos jours !

Un roi bienfaisant lui rend sa liberté; sa main généreuse trace elle-même, dans une immortelle déclaration, les plus sages dispositions pour l'avenir, et sa récompense est un échafaud!.... Un prince souillé de débauches, un prince qui ne possédait pas même cette qualité brillante en faveur de laquelle on pardonne tout en France, le courage (2); un prince que ne distinguaient ni les talens, ni l'esprit, devient l'idole de la multitude, tandis qu'elle méconnaît et les vertus de l'excellent monarque et le caractère angélique de sa sœur. Une horde de cannibales hurle

---

(1) Les masses livrées à elles-mêmes apprécient presque toujours bien le beau, le noble, le sublime......, mais elles sont rarement livrées à elles-mêmes. Les agitateurs, les ambitieux les amènent sur la place publique, et c'est là qu'on les trompe, et c'est là que les Gracques et les Catilina les soulèvent contre les Scipion et les Cicéron, sous le prétexte de servir la patrie. Cicéron et Scipion étaient cependant les vrais patriotes.

(2) Qui ne connaît le mot fameux de Lamotte-Piquet au combat d'Ouessant?

les mots de *patrie* et de *liberté.....* Quelques hommes
sages crient en vain : « Méfiez-vous de ces prétendus
« amis de la liberté, car ce que nous savons d'eux
« prouve qu'ils ne seront que de féroces tyrans.... »
Inutile avertissement! La foule stupide applaudit avec
fureur aux démagogiques discours des Marat, des
Robespiere, des Couthon, des Saint-Just, des Collot-
d'Herbois, des Carrier, des Barrère, qu'elle appelle
de *vertueux patriotes,* tandis qu'elle poursuit de ses
imprécations les hommes bienfaisans qu'elle jette aux
bourreaux. Ce règne épouvantable de la terreur a cependant existé dans notre France, dans ce pays que
l'on dit être le plus civilisé de l'univers. Cette expression est pourtant consacrée parmi nous, nation brave
entre les braves : *le règne de la terreur!* Et nous
l'avons souffert ce règne! Eh! le moyen de l'empê-
cher? n'était-ce pas la *majorité,* tenant enchaînée à
son char sanglant la minorité sans défense, qui gou-
vernait alors et disait avec orgueil comme on le dit
de nos jours : Nous sommes les plus nombreux!

Il finit enfin ce règne de la terreur ; mais est-ce
la majorité qui se repent de ses crimes...? Non ; ce
sont quelques hommes, dévoués eux-mêmes à l'é-
chafaud par leurs complices, qui sauvent la France
en cherchant à se sauver eux-mêmes. La multitude,
toujours la même, applaudit encore, et ne voit pas
qu'elle n'a fait que changer de tyrans. Plus tard, un
guerrier l'enchaîne à son char de triomphe, sans lui
permettre de pleurer ses enfans, que le héros dévoue

à la mort pour satisfaire à sa passion de conquêtes et de gloire... Et peu d'années avant, de prétendus philosophes obtenaient l'admiration universelle en écrivant de longues et chaleureuses diatribes contre la guerre, les conquêtes et les conquérans!

Un quart de siècle a-t-il suffi pour ramener au bon sens des esprits en délire...? Non... C'est en vain que, devant les droits d'un vieillard infirme, l'Europe entière dépose ses armes vengeresses, et nous prépare une longue période de paix et de bonheur : le spectacle de la prospérité la plus inouie; les progrès les plus étonnans, les plus rapides dans les arts, le commerce, l'agriculture; la liberté la plus complète dont on ait jamais joui, de l'aveu même de Benjamin Constant..., rien, rien ne peut détourner la multitude de donner toute sa confiance à vingt ou trente écrivains, sans pudeur et sans foi, lui criant tous les matins et sur tous les tons, tantôt qu'elle n'était pas libre, tantôt que sa gloire était éclipsée, tantôt que sa misère était insupportable, tantôt qu'elle était sous le joug de prêtres fanatiques. Et ces fanatiques de gloire et de liberté trouvaient également créance, appui, sympathie auprès de cette foule de gens qui ne comprenaient pas combien il est absurde de regretter Buonaparte et son régime de fer quand on aime la liberté des peuples, ou de réclamer la liberté des peuples quand on regrette le règne d'un conquérant!

On le voit par ces exemples éclatans, et par mille

autres que je pourrais citer, la multitude ignore toujours ses véritables intérêts ; la multitude juge toujours mal ; la multitude se passionne toujours en faveur de l'erreur, et l'expérience des pères est toujours perdue pour les enfans.

Si l'on voulait prendre la peine de réfléchir, au lieu de recevoir son opinion toute faite par un journal ; si l'on consentait à raisonner de bonne foi, sans passion, sans haine, sans préjugé ; si tous ceux qui s'entretiennent des affaires publiques se donnaient la peine de bien examiner les faits avant de se prononcer, le règne du mensonge serait bientôt fini : mais quelques intérêts, froissés par la catastrophe de l'empire, ont irrité quelques esprits ; et les uns pour se venger, les autres pour reconquérir le pouvoir qu'ils avaient perdu, le rang qu'ils occupaient, se sont imposé la funeste tâche d'égarer la masse des citoyens. C'est alors qu'on n'a pas cessé de parler des droits du peuple, de la liberté du peuple, de l'égalité du peuple... Quant à ses devoirs, il n'en fut jamais question.

Et depuis quand ces grands seigneurs de fabrique impériale, si fiers de leurs titres, de leurs armoiries, si dédaigneux pour les hommes des rangs desquels ils étaient sortis, s'étaient-ils pris d'un si bel enthousiasme pour la liberté, d'une haine si cordiale pour la noblesse, d'un amour si pur pour les droits civils, d'une charité si vive pour la classe indigente ? C'était depuis que la chute de leur maître ne leur laissait plus exclusivement la domination universelle. Ils avaient

des rivaux en pouvoir, en crédit, en considération...
Les fils d'un Montmorency, d'un La Tremoille, d'un
Crillon, étaient aussi respectés que les fils d'un Mon-
tebello, d'un Elchingen, d'un Conegliano... N'était-
ce pas une injustice révoltante? et ne fallait-il pas
mettre la patrie en feu pour changer un tel ordre de
choses? Aussi fit-on tout pendant quinze ans pour
tromper, pour séduire le peuple : mensonges, ca-
lomnies, insinuations perfides, appels à la haine,
à l'envie, à la cupidité, à l'égoïsme, à toutes les mau-
vaises passions, rien ne fut épargné. Décorée du beau
nom d'*amour du bien public,* cette ignoble conspiration finit par envahir tout ce qui, dans notre pays,
savait lire un journal ; et quand les directeurs de l'o-
pinion publique furent certains qu'au premier signal
ils réveilleraient en leur faveur les sympathies de la
multitude, il ne leur resta plus qu'à jeter le roi,
qu'ils trompaient par les protestations les plus vives
de leur amour et de leur fidélité, dans un impasse
politique. On les vit, dans une séance mémorable,
se lever en masse pour crier anathême contre un député qui, dans une improvisation de tribune, avait osé
dire ces mots : *Les ennemis du roi....* « Le roi n'a point
d'ennemis !... C'est affreux !... Nous sommes tous les
amis du roi !... » s'écria-t-on à gauche et dans le centre gauche, tandis que la droite restait muette d'é-
tonnement à la vue de cette impudeur, au spectacle
de tant d'hypocrisie ; et le malencontreux orateur (1)

____

(1) M. Syrieys de Mayrinhac.

fut obligé de rétracter une vérité qu'il n'est plus possible de nier aujourd'hui.

Ne soyez point royalistes, je le veux bien; soyez républicains, napoléonistes, tout ce que vous voudrez, mais ne soyez point du parti des tartufes politiques..., mais rejetez comme traîtres et fourbes, comme indignes d'avoir et d'émettre une opinion politique, ces hommes qui ne craignirent pas d'affirmer qu'ils étaient prêts à mourir pour leur roi, tandis qu'ils le poussaient à sa perte en le mettant dans la cruelle nécessité de restreindre la liberté de la presse.

Il y a long-temps qu'on a dit : la trahison plaît, mais jamais le traître. A ce compte, puisque la majorité ne voulait point de la branche aînée, nous assure-t-on, on faisait bien de se réjouir de son expulsion, quoique son exil, sans doute par une inexplicable fatalité, n'ait pas produit un seul des biens que l'on en attendait. Mais il fallait rejeter loin de soi les hommes qui furent les auteurs de ce résultat. Au lieu de cela, que fit-on? Ils furent considérés et traités comme d'excellens citoyens, comme les sauveurs du pays, puisqu'ils avaient sauvé la liberté de la presse, pour laquelle se battirent et moururent tant de gens qui ne savaient pas lire (1). Plus tard, ces mêmes hommes ont osé

---

(1) La postérité pourra-t-elle croire qu'une révolution fut faite en faveur de la liberté d'écrire par des hommes illettrés, et que ceux au profit de qui tourna cette révolution ont mis des entraves à quoi?....... précisément à la liberté pour laquelle on s'est battu !

imposer à la presse des entraves telles qu'il est à peu près impossible d'écrire deux lignes sans être menacé d'un réquisitoire de M. Plougoulm, et la multitude applaudit encore, à ce qu'assure le *Journal des Débats*. M. Plougoulm, l'un des héros de juillet, M. Plougoulm, qui, je crois, fut l'historien de cette lutte sanglante, si peu digne du courage des Parisiens, car ils étaient dix contre un; M. Plougoulm, qui ne dut sa célébrité qu'à son amour chevaleresque pour la liberté de la presse, M. Plougoulm aujourd'hui fulmine des réquisitoires contre sa bien-aimée! *E sempre benè.*

Que de déceptions qui ne détrompent personne! que d'illusions qui trompent toujours!

Gouvernement à bon marché?.....

2 à 300 millions de plus par an.

Libertés municipales, individuelles, politiques?....

Les prisons sont pleines (1), le devis d'une pierre à placer à la fontaine d'une commune se fait à Paris.

Tous les emplois seront le prix des services, du talent, de la capacité, de la probité?....

Voyez la liste de nos administrations.

Plus de faveurs, plus de favoris?...

---

(1) Sous le despotisme de Louis XVI, les héros de la Bastille trouvèrent dans cette prison d'Etat sept victimes de la tyrannie. Après cinquante ans, ces héros reçoivent encore, je crois, 400,000 francs par an, plus de 50,000 francs par chaque victime délivrée! Oh! nous sommes terriblement humains!

Consultez les journaux, qui chaque jour nous parlent de la *camarilla*.

Gloire nationale restaurée?...

Lisez, pour votre édification, le traité Bugeaud.

Notre rang repris en Europe?...

La Pologne, l'Italie, la Belgique, le comte Gonfa-
lonieri n'en sont-ils pas la preuve!

Respect, extension des droits de tous les Français?...

Oui, de cent quarante mille privilégiés à 200 fr.

Plus de faste, plus de cour dispendieuse?...

Consultez les lois d'apanage et de dotations; et si
vous en avez le courage, lisez les superbes et senti-
mentales lettres du *Constitutionnel,* sur les magnifi-
cences du camp de Compiègne.

Plus de tribunaux exceptionnels, droit commun
pour tous?...

Lisez : Loi de disjonction.

Garanties pour les accusés?...

Nous leur ôtons la chance d'une voix : au lieu
d'être condamnés par huit, ils le seront par sept;
c'est bien plus court, et c'est un nombre impair.

Prospérité commerciale, industrielle, agricole?...

Voir nos traités de commerce avec l'Angleterre,
traités en vertu desquels nous tirons un parti si fort
avantageux de nos bleds, de nos laines et de nos vins.

Unité de système, de principes?...

Voyez plutôt : on ne change de ministres que tous
les six mois..... les Chambres donnent toujours raison

au blanc, au noir, au rouge, au vert....... Voyez encore : la Chambre décide qu'on ne paiera pas les 25 millions que notre illustre Berryer a si bien démontré n'être pas dus aux Américains..... La même Chambre décide ensuite qu'on les paiera (1).

Tout cela n'est-il pas admirable ? Et les députés, auteurs de si beaux chefs-d'œuvre de toutes sortes, ne méritent-ils pas bien qu'on les renomme pour cinq ans, pour dix ans, pour toute leur vie ? N'ont-ils pas mis trois jours à manger les dîners royaux, et trois heures à voter un petit budget de 1200 millions ? Que vous faut-il de plus que cette prodigieuse activité de fonctions intellectuelles, que cette lenteur de fonctions digestives ?

Nommez-les donc, électeurs, nommez-les ; et si par hasard quelques-uns sont devenus pairs des Français, si quelques autres se retirent volontairement parce qu'ils sont assez, eux et leur famille, gorgés de faveurs ministérielles, hâtez-vous de leur choisir des successeurs taillés sur le même patron. Laissez-vous encore éblouir par les brillantes promesses qu'ils vous font, quand ils vont de porte en porte quêter vos suffrages. Ecoutez leurs courtiers, leurs agens, leurs prô-

---

(1) J'oublie les fonds secrets de la police. Avant 1830 on criait à l'infamie contre la police et ses frais. Aujourd'hui, ces mêmes contempteurs des fonds secrets sous la restauration, les ont plus que doublés, sans que l'on vole et qu'on assassine moins qu'autrefois.

neurs........ Croyez à leur désintéressement, à leur tendre sollicitude pour vos intérêts. Gardez-vous surtout d'imaginer que ce soit l'envie d'acquérir une importance qui leur manque, une position sociale qu'ils n'ont point, un titre qui flatte leur amour-propre; gardez-vous, dis-je, d'imaginer que ce soit à cela seul que vous devez leurs pressantes sollicitations; croyez plutôt qu'ils sont dévorés du zèle du bien public. C'est pour vous, pour votre bonheur qu'ils travaillent. Pour vous ils vont négliger le soin de leurs affaires, l'administration de leur fortune : pour vous seuls ils ont la noble ambition de vouloir être députés. Ils vont entrer chez vingt, chez trente, chez cent électeurs. Aucun n'aura les mêmes idées, aucun ne voudra la même chose qu'un autre... Vos candidats seront de l'avis de tous. A Dieu ne plaise qu'ils contrarient un seul d'entre vous : ce que vous voulez ils le veulent aussi. Leurs paroles melliflues vous circonviendront de toute manière, et vous les croirez d'autres vous-mêmes. Rejetez-vous les doctrinaires? Ils les rejettent aussi... ; toutefois, en prenant ce qu'ils ont de bon, car il ne faut pas être exclusif. Vous ne voulez pas du centre gauche..... Est-ce que M. Thiers est un homme qu'on puisse vouloir suivre? C'est un grand orateur, et ses idées sont quelquefois *fort sages* (1);

---

(1) La sagesse des idées de M. Thiers!..... Je prie qu'on n'oublie pas que c'est un candidat qui parle.

mais on sait se ranger à ces idées-là pour abandonner les autres. M. Molé vous paraît-il bien pâle, bien insignifiant? vous avez tout-à-fait raison; aussi se propose-t-on de n'appuyer qu'un ministère ferme, éclairé, poursuivant son œuvre avec vigueur.....Craignez-vous les Odillon-Barrot? Ah! que vous avez encore plus raison! Cet homme-là nous conduirait tout droit à Garnier Pagès, puis à la république, puis aux échafauds. Etes-vous lecteur du *National* et du *Bon Sens?*... C'est bien; voilà les hommes qu'il nous faut; des hommes énergiques, nouveaux, généreux, à convictions profondes. Enfin, mes chers co-électeurs, les quêteurs de suffrages, plus prompts dans leurs transmutations que la princesse des *Mille et une Nuits,* vous donneront du moins la plus haute idée de la facilité de leur caractère, s'ils ne vous séduisent pas par la facilité de leur élocution, l'abondance de leurs idées, la fermeté de leurs principes, l'étendue de leurs connaissances et la sagesse de leurs opinions.

Il n'est, je crois, qu'une opinion politique pour laquelle les candidats solliciteurs montrent une aversion prononcée : c'est celle que je professe, mes chers co-électeurs; celle que l'on n'ose pas nommer, dans le siècle de liberté complète où nous avons le bonheur de vivre; celle que M. Plougoulm honore de sa haine, et M. Montalivet de ses mépris.

Nous sommes peu nombreux dans les colléges du monopole, nous nous mêlons peu des affaires; mais néanmoins, comme nous exerçons encore, bien malgré nous,

une certaine influence puisque l'on nous recherche ;
comme, tout en nous détestant, on peut assez difficile-
ment se passer de nous, et qu'un préfet, d'après les pru-
dens conseils du *Journal des Débats*, ne croirait pas
avoir fait preuve de zèle et de dévouement dynastiques,
s'il ne parvenait pas, de temps en temps, à pouvoir
faire annoncer quelques noms légitimistes dans ses
salons par un valet maladroit (1), il faut bien que les
candidats solliciteurs parlent un peu de nous. « Pau-
« vres gens, diront-ils, qui rêvent encore de leur
« droit divin, de leur féodalité, de leur jésuitisme !
« Ce sont d'incorrigibles entêtés ; et le gouvernement
« a tort, grand tort de ne pas sévir contre eux : car
« enfin, je vous le demande, n'est-ce pas une hor-
« reur de voir avec quelle impudence ces éternels
« conspirateurs (2), fauteurs de guerre civile, osent
« lever la tête, si honteux du rôle infâme qu'ils jouent
« avec leurs escobarderies ? Le bel honneur qu'ils se
« font ! mentir à leur conscience en prêtant un ser-
« ment qu'ils voudraient pouvoir ne pas tenir ! Quelle
« hypocrisie ! Le gouvernement est trop bon de ne

---

(1) *Non licet omnibus adire Corinthum.* On ne peut pas tout
savoir ; l'art de styler un laquais de bonne maison s'allie rarement avec celui de faire ruer une populace en délire sur le trône
de son roi.

(2) Nous conspirateurs !.... Où donc ? et quand ?.... On nous a
souvent accusés, et quand le jour de la justice est arrivé, qu'est-
il résulté des accusations ? Que nous n'étions pour rien, pas plus
dans les conspirations que dans les assassinats.

« pas les exclure des colléges ; car on se doit à son
« gouvernement, *à son roi*. Celui qui prête un ser-
« ment pour ne pas le tenir, est un traître qui ne
« mérite aucune indulgence. Les légitimistes sont
« peut-être, je le veux bien, d'honnêtes gens dans
« la vie civile ; mais en politique, ce sont des co-
« quins. »

Eh bien ! mes chers co-électeurs, je suis un de ces
hommes qu'on appelle des *coquins en politique,* et
je vous demande la permission de répondre, le plus
brièvement possible, à ce langage. Pardonnez-moi si
je ne suis pas aussi court que je le voudrais et vous
aussi ; mais quand on a peu de temps à perdre, on
est toujours un peu long.

Je ne m'arrêterai point aux récriminations. Je ne
dirai point aux solliciteurs que leurs amis ont cons-
piré pendant quinze ans, de leur propre aveu ; qu'ils
ont juré, quand on ne le leur demandait pas, en 1829,
dans une mémorable adresse au roi, que personne
n'était plus sincèrement dévoué qu'eux à *Sa Ma-
jesté;* qu'ils ont répété le même serment, mais bien
plus énergique encore, en 1830, et que quelques
mois plus tard, sans mandat, sans ordre de leurs com-
mettans, ils chassèrent ce même roi ; qu'enfin leur
subit amour pour l'ordre, la monarchie et l'hérédité,
vient un peu tard. La réponse serait trop facile, et
des récriminations ne valent jamais rien, pas plus
en politique qu'en ménage.

Nous ne savons ce qu'on veut nous dire avec cet

éternel et sot reproche de *monarchie de droit divin.*
Telle n'était point la nôtre, même en remontant jusqu'à Louis XIV, à qui Bourdaloue disait en pleine
chaire, à haute et intelligible voix : « **Les rois sont**
faits pour les peuples, et non les peuples pour les
rois. Toute votre puissance vient de ce peuple, etc. »

Serait - ce par hasard la formule : *Louis, par la
grâce de Dieu,* qui choquerait la susceptibilité de messieurs les solliciteurs? Mais qu'ils se donnent la peine
d'ouvrir le premier décret impérial qui leur tombera
sous la main, ils y verront ces mots : « Napoléon,
par la grâce de Dieu. » Buonaparte, dont, pour le
dire en passant, la manie commence à se passer un
peu, car on ne la retrouve plus guère que dans les
cabarets, Buonaparte était - il donc un empereur de
droit divin ?

Serait - ce parce que dans nos livres de prières il
était dit : « Nous vous prions, Seigneur, pour notre
S. P. le pape, Mgr notre archevêque, le roi et toute
la famille royale ? » Mais cette formule ne les cho-
quait point quand elle était pratiquée sous Buonaparte et dans des livres édités par ses propres aumô-
niers. D'où vient donc cet acharnement à nous débiter
toujours la même absurde accusation ? C'est qu'elle a
pris dans le peuple, et qu'on est bien aise de main-
tenir une absurdité; car il est bon, pour des hommes
de la force de messieurs les solliciteurs, que le peuple
ne connaisse pas une seule vérité.

L'accusation de rêver encore à la féodalité n'est

pas une accusation moins absurde. Ce sont nos rois qui l'ont détruite (1); parce qu'un tel système était incompatible avec l'unité de l'Etat, et ne pouvait qu'en amener tôt ou tard la dissolution. Il faut être tout à fait dépourvu des plus simples lumières historiques, ou de la plus insigne mauvaise foi, pour oser répéter cette accusation, qui va de pair avec celle de la dîme (2). Il faut qu'un parti soit bien pauvre de raisons contre ses adversaires, pour en alléguer de semblables!

Vous nous appelez *fauteurs de guerre civile;* mais il me semble que ce n'est pas nous qui les premiers avons attaqué le gouvernement *établi.* Si demain, par une conspiration quelconque, le gouvernement actuel se trouvait renversé, ne serait-il pas naturel que ses défenseurs d'aujourd'hui, ceux qui lui jurent fidélité, cherchassent à le rétablir? messieurs les solliciteurs ne croiraient-ils pas remplir un devoir? Céderaient-ils

---

(1) Louis-le-Gros commença cette œuvre par l'affranchissement des communes, pas immense vers la liberté. C'est alors que commença le véritable amour de la patrie ; car, comme l'a dit Benjamin Constant, le patriotisme local est le seul vrai. Benjamin Constant ajoute : « La centralisation (c'est-à-dire l'esclavage des communes) est l'entrave jetée aux peuples modernes par le despotisme. » Depuis Louis-le-Gros, nos rois n'ont pas cessé de restreindre la féodalité. Il n'en restait pas vestige en 1789.

(2) Messieurs les solliciteurs savent bien tout cela : mais comme leur influence, leur pouvoir et leur crédit tiennent à ces tromperies, on les répète à chaque instant, et l'on réussit.

donc toujours la place au premier venu ? Sans doute
ce serait une guerre civile ; mais quels en seraient les
vrais coupables, les vrais fauteurs ? Evidemment ceux
qui les premiers se seraient insurgés. Le parti vain-
queur définitivement établi, possesseur, du moins en
apparence, de l'assentiment de tous, a droit d'exiger
que la minorité pose les armes ; mais il faut, il me
semble, que la majorité se soit prononcée : jusque-là
chacun, à mon avis, est dans son droit.

Parlons maintenant de ce serment que vous exigez,
contre toute raison et contre tout droit ; serment que
nous avons expliqué dans vingt circonstances publiques ; serment qui ne peut tromper personne, et qui
n'est que ce que vous-mêmes l'avez fait, un serment
qui suppose une condition, sans quoi vous vous dé-
clareriez vous - mêmes parjures, puisque le serment
que l'on prêtait à la restauration était au moins d'une
obligation égale à celui d'aujourd'hui. N'avez - vous
pas dit que la conduite de Charles X vous avait dé-
gagés...? que d'ailleurs un serment au chef de l'Etat
ne pouvait, ne devait s'entendre que dans l'intérêt
de l'Etat ? Que demandez - vous donc de plus ? Et
puisque vous êtes si fort ennemis de la monarchie
des siècles passés, pourquoi voudriez-vous donc nous
ramener à ces temps où l'on était tenu de garder son
serment *in quâcumque fortunâ?* En prêtant le serment que vous exigez, nous suivons, nous voulons
suivre, et de bonne foi, vos propres doctrines. Il serait souverainement injuste de nous faire d'un côté

le reproche d'avoir voulu tenir notre serment à Charles X comme nous l'avions toujours entendu, compris, et de l'autre de nous reprocher de donner à ce serment l'interprétation que vous-mêmes lui donnez. Est-ce donc qu'il ne doit jamais y avoir pour nous ni justice, ni raison, ni bonne foi (1)?

Voilà, mes chers co-électeurs, ce que je répondrais à vos candidats; et s'ils me demandaient à qui je donnerai ma voix, je leur dirais : « A l'homme qui pense comme je pense, à celui qui ressemblera le mieux au portrait que je vais tracer d'un bon et loyal député. »

Mais, me diront-ils, vous ne pouvez pas espérer de réussir; vous n'avez aucune chance de succès, car nous sommes les plus nombreux, et nous sommes contre vous. — J'en conviens, car c'est la vérité; mais c'est une vérité relative, et non point une vérité absolue. Cent mille personnes me diraient qu'une

____

(1) Le raisonnement de messieurs les solliciteurs se borne à ceci :

Les légitimistes sont des coquins d'avoir voulu tenir leur serment à Charles X.

Les légitimistes sont encore des coquins de vouloir prêter le serment comme nous l'entendons, c'est-à-dire en admettant comme nous que ce serment n'existe plus, n'a plus de force, quand le roi manque au sien. Oui; mais qui sera le juge dans cette affaire pour savoir si le roi manque à ses promesses? Eh! parbleu, nous-mêmes, doivent répondre *forcément* les solliciteurs actuels, car c'est là ce qu'ils ont fait en 1830. Et nous sommes des coquins d'adopter leur théorie! Admirable!!!....

perche de terre est plus grande qu'un arpent de cent perches, que je ne les croirais pas ; et je leur répondrais, avec les savans , que la partie ne saurait être plus grande que le tout. Elles ne me comprendraient peut-être pas ; mais en aurais-je moins raison ? Vous voyez d'ailleurs, messieurs les candidats , par le commencement de cette lettre , que j'ai peu de confiance dans les majorités , et que je suis de ceux qui disent : « Il faut peser les suffrages , et non les compter. » Vous aurez sans doute beaucoup de voix ; des hommes qui ne vous ont jamais vus , que vous ne verrez jamais, à qui vous ne rendrez peut-être pas un salut quand ils vous auront fait députés, vont écrire votre nom sur leur bulletin , et demanderont de quelles lettres il se compose. Croyez-vous qu'il soit bien honorable, bien glorieux d'être député de cette façon-là ? N'est-ce pas une amère dérision du gouvernement représentatif qu'une telle nomination ? Ne sera-t-il pas évident pour tout homme qui pense, et qui sait que votre nomination ne sera due qu'aux efforts, aux promesses, aux sollicitations de deux ou trois compères, que ce n'est point la nation qui vous envoie ? Et puis vous viendrez fièrement vous poser en législateurs, en pères de la patrie , vous qui vous riez de ses vieilles lois , de ses vieilles mœurs !... vous qui ne croyez à rien qu'à la puissance de l'or !...

Eh bien ! moi, messieurs, je veux pour candidat un homme qui sache bien à quelle cause il appartient , qui puisse et qui sache en dire la raison.

Je veux que mon candidat ait une opinion ferme, indépendante, consciencieuse, à l'abri de toutes les séductions de fortune, de pouvoir, d'honneurs, de places. Je veux qu'il n'en accepte aucune ni pour lui ni pour les siens. Je veux qu'il accepte l'honneur d'être notre député, mais qu'il ne le sollicite pas; car c'est un fardeau, fardeau bien lourd, bien pénible qu'il aura, s'il veut remplir dignement sa mission. Je veux que mon candidat soit instruit de nos besoins; qu'il connaisse les règles générales de l'administration; qu'il sache ce qu'il faut savoir pour faire fleurir tout à la fois l'agriculture, l'industrie et le commerce; je veux qu'il soit bien pénétré de cette vérité, que l'agriculture est la mère nourricière d'un Etat, la seule véritable source de l'aisance, du bonheur, du bien-être et de la santé de tous; que le commerce et l'industrie ne sont que des accessoires que sans doute il ne faut pas négliger, mais qui doivent céder le pas à l'agriculture, qui nourrit les sept huitièmes de la France, tandis que l'industrie n'en nourrit pas un huitième. Je veux que mon candidat sache bien que l'Angleterre ne peut faire avec nous que des contrats *léonins,* et qu'ainsi c'est principalement dans nos rapports avec cette puissance qu'il doit porter son attention, pour nous délivrer de son joug avilissant et funeste. Je veux que mon candidat travaille avec ardeur à faire rentrer tous les Français dans le droit commun, en appelant tous les citoyens à concourir aux élections. Je veux que la liberté de la presse ne

soit pas un vain mot, puisque nous l'avons payée si cher.
Je veux que mon candidat fasse retirer les lois van-
dales de septembre. Je veux qu'il demande le réta-
blissement du jury dans son intégrité. Je veux qu'il
travaille à diminuer les charges si lourdes du budget,
charges qui finiront par ruiner nos campagnes déso-
lées. Je veux qu'il s'oppose aux dotations, aux apanages,
puisque les biens de la famille d'Orléans sont restés
en sa possession, au lieu d'être réunis, comme jadis,
au domaine de l'Etat, à l'époque du 7 août 1830. Je
veux que mon candidat me promette qu'il fera pré-
valoir cette maxime : Le gouvernement au roi, l'administration au pays; afin que cette absurde centralisation cesse de tarir les sources de la prospérité de
nos communes (1). Je veux que mon candidat s'engage
à demander le remboursement de la rente : 1° parce
qu'il est injuste de payer l'intérêt de l'argent qu'on
nous a prêté, 5 pour cent, tandis qu'on pourrait ne le
payer que 4; 2° parce que l'économie serait d'une
trentaine de millions qui soulageraient d'autant les
habitans des campagnes, puisqu'en définitive ce sont
eux qui paient tout; 3° enfin, parce que cette mesure
ferait refluer dans les provinces une portion des ca-

____

(1) Croit-on que nos communes s'en trouveront plus mal,
quand elles n'auront pas à solliciter pendant des années la
permission de faire chez elles, et de leurs deniers, ce qu'elles
ont besoin de faire ? Est-ce un commis de Paris qui peut con-
naître nos besoins ?

pitaux qui s'engouffrent dans Paris, sans aucun profit pour les départemens éloignés, qui souffrent de la disette de ce signe représentatif de la richesse, et ne peuvent rien entreprendre de grand, de bon, d'utile, faute de fonds pour commencer. Ceci, messieurs les candidats, est une question de vie ou de mort pour le pays. Elle est donc du plus haut intérêt; conséquemment, je ne veux point vous nommer, car vous feriez de cette question, si pleine d'importance, une question ministérielle, et moi je veux que ce soit une question française. Mon candidat devra donc toujours et sans cesse réclamer cette grande mesure. Il faudra que ce soit son *delenda Carthago*. Sans la réduction de l'intérêt, l'agriculture est perdue, le commerce intérieur languissant, l'industrie de nos départemens sans progrès.

Je mets l'agriculture au premier rang, parce que, je le répète, elle est la source de tout : mais vous et les vôtres la méprisez, parce qu'elle est sans défenseurs, sans appui, sans tribunaux, sans corporations qui la protègent. C'est précisément pour cela, messieurs les candidats, que, fussiez-vous de mon avis sur tout le reste, je ne peux pas vous nommer, car vous ne comptez pour quelque chose que les hommes qui barbouillent du papier, polissent des discours, alignent des chiffres, ou feront bientôt tricoter nos bas à la vapeur. Pour moi, je veux un homme éclairé par l'expérience, inaccessible à la corruption, parce qu'il méprise tous ces hochets de la vanité si fort prodigués de nos jours, et qui perdent par-là même tout leur prix, quand on réfléchit qu'on a distribué plus de croix d'honneur en sept ans que Buonaparte n'en a accordé pendant les dix années de ce règne étincelant de gloire et de grandes actions. Enfin, l'homme que je choisirai m'aura donné des preuves, soit dans sa vie publique, soit dans sa vie privée, que sa conscience est pure, que son cœur est droit, que ses principes et ses opinions peuvent être mis dans tous les temps au grand jour, sans qu'il ait besoin d'en rien cacher. Il n'aura jamais pensé qu'on peut être législateur sans foi religieuse, et que des gendarmes peuvent tenir lieu de morale et de culte. Il ne dira pas, il ne croira pas surtout que notre beau pays date d'hier, et son respect pour notre vieille France, pour nos sages ancêtres, sera pour moi la garantie de la prudence et du zèle qu'il mettra dans l'examen de toutes les questions qui lui seront soumises.

Voilà bien des qualités que vous demandez dans l'homme de votre choix, me direz-vous, mes chers co-électeurs?... Eh! mais croyez-vous donc que l'on puisse être un bon député, si l'on ne possède pas tout cela? Détrompez-vous, je vous en prie, détrompez-vous. Etre député représentant d'une grande nation, c'est être son guide, son tuteur, son père...; c'est dévouer tous les instans de sa vie, toutes les ressources de son intelligence, toutes les facultés de sa fortune à servir son pays, à protéger ses concitoyens, à défendre leurs droits, à surveiller leurs intérêts...; c'est, en un mot, faire abnégation complète de soi pour ne songer qu'aux autres. Or, quel est l'homme de bon sens qui consentirait à faire un tel sacrifice, s'il ne se sentait pas les moyens de le rendre fructueux? Il est donc clair, mes chers co-électeurs, que pour faire un bon choix vous ne pouvez jamais prendre celui qui se propose, parce qu'il y a mille, dix mille, cent millions à parier contre un, que l'ambition et la vanité sont les seuls mobiles qui le poussent à solliciter vos suffrages, si vous ne lui connaissez pas cette fermeté d'opinion, cette conviction de principes qui fait sacrifier ses intérêts les plus chers au triomphe de ses opinions et de ses principes.

Qu'attendre, en effet, de ces hommes adorant aujourd'hui ce qu'ils brûlaient hier? Quelle garantie peuvent vous donner ceux dont les idées ont changé du blanc au noir depuis sept ans? Je comprends un Lafayette, un Dupont de l'Eure, encore bien que je ne pense pas comme eux; car il est clair que des hommes de ce caractère, s'ils se trompent, se trompent de bonne foi. Vous connaissez du moins leurs principes; et si ces principes sont les vôtres, vous êtes certains d'avoir en eux des représentans sincères. Vous voulez l'ordre, la paix, la liberté, la sécurité de tous, la prospérité du pays...; eh! tout le monde veut cela... : mais le moyen de l'obtenir?

Sera-ce avec des hommes sans conviction, sans principes arrêtés, ne reconnaissant pour bon que ce qui leur est présenté par la main des ministres, de mauvais que ce que les ministres repoussent ; applaudissant aux mesures de rigueur aujourd'hui sous un ministère, et demain applaudissant à l'amnistie sous un autre ; guerroyant avec celui-ci, faisant la paix avec celui-là ?

Mais qui vous dit, allez-vous vous écrier, que ces hommes agiront ainsi ?... Ce qui me le dit ? leur conduite passée ; le soin qu'ils prennent de cacher l'absence de toute opinion sous des termes vagues, généraux, lieux communs à l'usage de tout le monde. Ce qui me le dit encore plus, ce sont les exemples de ceux que vous avez nommés il y a quatre ans, et qui vous promettaient alors tout ce que ceux-ci vous promettent aujourd'hui. Qu'est devenu leur désintéressement, leur zèle ? Le vent de la faveur ministérielle a soufflé sur eux, et tout a disparu ; car le chêne seul résiste, parce qu'il a des racines profondes, et les convictions politiques sont les racines d'un député. Où sont les convictions de cette multitude de candidats qui surgissent aujourd'hui de toutes parts ?

Il faut que notre pauvre pays soit bien malade, s'il ne peut avoir pour le représenter que les hommes de la dernière Chambre, ou ceux qui sont faits à leur modèle !

Electeurs, l'avenir de la France est dans vos mains.

Laissez dicter vos choix par l'intrigue, que l'on ne prend pas même la peine de cacher, et le fruit de vos sueurs engraissera quelques ambitieux ; choisissez vous-mêmes, et vos représentans seront du moins l'expression de votre pensée.

FIN.